Daniel KAMANDA EBONDO

Femme, quel est ton ministère (ou ton don) ?

Daniel KAMANDA EBONDO

Femme, quel est ton ministère (ou ton don) ?

Volume 2

Éditions Croix du Salut

Imprint
Any brand names and product names mentioned in this book are subject to trademark, brand or patent protection and are trademarks or registered trademarks of their respective holders. The use of brand names, product names, common names, trade names, product descriptions etc. even without a particular marking in this work is in no way to be construed to mean that such names may be regarded as unrestricted in respect of trademark and brand protection legislation and could thus be used by anyone.

Cover image: www.ingimage.com

Publisher:
Éditions Croix du Salut
is a trademark of
Dodo Books Indian Ocean Ltd. and OmniScriptum S.R.L publishing group

120 High Road, East Finchley, London, N2 9ED, United Kingdom
Str. Armeneasca 28/1, office 1, Chisinau MD-2012, Republic of Moldova, Europe
Printed at: see last page
ISBN: 978-620-6-17028-0

SOMMAIRE

DEDICACE

Cet ouvrage est dédié :

A ma fille cadette Gloriel MULOBE KITENGE EBONDO,
Une femme en devenir, qui impactera le monde entier par son
ministère et charisme, et qui maintiendra toujours ses relations
par son sourire affectueux plus que même son homonyme.

REMERCIEMENT

J'adresse ma gratitude à Dieu, le Père de mon Seigneur Jésus-Christ, Lui, qui est la source d'inspiration de ce message et qui m'a rendu capable de le mettre par écrit. Qu'à Lui seul la gloire dans tous les siècles, Amen !

A l'homme de Dieu, le Révérend Réussite NGOIE MANDAKU et à mon Pasteur Michel BADY, qui ne cessent de m'encourager à aller plus loin dans le domaine de l'évangélisation par rédaction, je traduis ma déférence.

A tous mes frères et amis du CLUB DES CHAMPIONS pour leur soutient spirituel et moral.

A l'entreprise TTM Sarl et son personnel, pour avoir facilement accepté la rédaction et la diffusion de tous mes ouvrages à caractère religieux, trouver ici ma reconnaissance.

A tout le peuple de Dieu qui bénéficie de notre ministère via les médias sociaux qui constitue pour moi une source d'encouragement.

Je vous exprime ma profonde gratitude eu égard à tout ce que vous représentez pour moi.

A tous les champions qui me sont chers dont je n'ai pas cité les noms, veuillez trouver ici mes remerciements pour tout ce que vous valez pour moi.

INTRODUCTION

« *La Bible* » est une source d'inspiration pour des millions de personnes à travers le monde, et cela de génération à génération. Cependant, il existe encore des questions non résolues concernant le rôle des femmes dans la religion. Le sujet de ce livre est de répondre à une de ces questions : Femme, quel est ton ministère (ou ton don) ?

Ce livre est destiné à toutes les femmes qui cherchent à comprendre leur place dans l'Église et à découvrir comment elles peuvent contribuer à la mission de Dieu. Nous allons explorer les différents rôles des femmes dans la Bible, examiner les ministères et les dons des femmes, répondre à la question comment découvrir et exercer son ministère avec succès, ainsi que les défis qu'elles peuvent rencontrer lorsqu'elles cherchent à exercer leur ministère.

Que vous soyez pasteur, enseignante, mère ou simplement à la recherche de réponses, ce livre a été écrit pour vous aider à découvrir votre ministère ou votre don et à les mettre en pratique. Rejoignez-nous dans cette aventure spirituelle passionnante et découvrez comment

les femmes peuvent avoir un impact significatif dans
« l'Église et dans le monde. »

Chapitre I : LES FEMMES DANS LA BIBLE

Pour comprendre les différents rôles des femmes dans la bible, nous allons nous inspirer de trois points suivants :

- Les femmes dans l'Ancien Testament
- Les femmes dans le Nouveau Testament
- Les femmes dans l'histoire de l'Église

I. LES FEMMES DANS L'ANCIEN TESTAMENT

A. *Les femmes dans la création et la chute (cas d'Eve)*

Dans la création, la femme est créée par Dieu comme une compagne pour l'homme. Selon la Genèse, elle est créée à partir de la côte de l'homme, signifiant leur unité et leur complémentarité. La femme est décrite comme étant l'aide appropriée pour l'homme, pour qu'il ne soit pas seul.

Dans la chute, la femme est tentée par le serpent et mange le fruit défendu, puis elle en donne à son mari qui en mange également. Cela conduit à leur expulsion du jardin d'Eden et à leur perte de l'immortalité. La Bible ne blâme pas spécifiquement la femme pour la chute, mais plutôt la présente comme ayant été trompée par le serpent.

Cependant, il est important de noter que ces histoires bibliques ne doivent pas être interprétées comme une justification de la subordination des femmes ou de la misogynie[1]. Les femmes sont des êtres humains créés à l'image de Dieu, avec une dignité et une valeur égales à celles des hommes.

B. *Femme dans la famille :*

La femme comme épouse, mère et fille (Eve, Sarah, Rebecca, Rachel, Léa, Ruth, etc.)

Dans la Bible, la femme est souvent décrite comme jouant un rôle important dans la famille en tant qu'épouse, mère et fille.

Eve est la première femme créée par Dieu, qui est également la mère de l'humanité. Elle est présentée comme l'aide appropriée pour Adam.

Sarah est la femme d'Abraham, la mère d'Isaac et une figure importante dans la tradition juive, chrétienne et musulmane. Elle est considérée comme une femme de grande foi et de courage.

---

[1] Attitude exprimant le mépris ou la haine à l'égard des femmes en général.

Rebecca est la femme d'Isaac et la mère de Jacob et Esaü. Elle est également considérée comme une femme de grande foi et de détermination.

Rachel et Léa sont les femmes de Jacob et les mères de nombreux fils qui deviennent les patriarches des tribus d'Israël. Elles sont souvent présentées comme étant en concurrence l'une avec l'autre, mais elles sont également connues pour leur amour et leur dévouement envers leur famille.

Ruth est une veuve moabite qui choisit de rester avec sa belle-mère Naomi plutôt que de retourner dans sa propre famille. Elle est un exemple de dévouement familial et de fidélité envers Dieu.

Dans l'ensemble, la Bible présente la femme comme ayant un rôle important dans la famille, en tant que partenaire égal de l'homme et en tant que mère aimante et dévouée.

C. ***Femmes en tant que leaders*** : cas de Déborah, Esther, etc.

La Bible nous présente plusieurs exemples de femmes qui ont été des leaders importants.

Déborah était une prophétesse et une juge en Israël. Selon le livre des Juges, elle a dirigé les Israélites pendant quarante ans et les a aidés à vaincre leurs ennemis. Elle a également été un conseiller pour Barak, un commandant militaire, et l'a encouragé à aller combattre les Cananéens.

Esther était une reine perse qui a utilisé son influence pour sauver le peuple juif de l'extermination. Selon le livre d'Esther, elle a risqué sa vie en s'approchant du roi pour lui demander de sauver son peuple. Elle a réussi à convaincre le roi de ses bonnes intentions et à sauver les Juifs de l'extermination.

Ces femmes sont des exemples de courage, de foi et de leadership. Elles ont utilisé leurs dons et leurs talents pour aider leur peuple et accomplir la volonté de Dieu. La Bible montre que les femmes peuvent jouer un rôle important dans la direction et le leadership, tout comme les hommes.

D. _Les femmes prophètes : cas de Myriam, Hulda, Noadiah_

En parcourant ma Bible, j'ai découvert plusieurs exemples de femmes qui ont été des prophètes, des personnes qui ont reçu des messages de la part de Dieu pour les partager avec les autres.

Myriam était la sœur de Moïse et d'Aaron, et elle est décrite comme une prophétesse dans le livre de l'Exode. Elle a chanté un cantique de louange à Dieu après la traversée de la Mer Rouge. *(Exode 15, 20-21)*

Hulda était une prophétesse qui a vécu à Jérusalem à l'époque du roi Josias. Selon le livre des Rois, elle a été consultée par les dirigeants de Juda pour interpréter les paroles du livre de la loi qui avaient été trouvées dans le temple. *(2 Rois 22, 14)*

Noadiah était une fausse prophétesse qui a été mentionnée dans le livre de Néhémie. Elle s'est opposée à la reconstruction des murs de Jérusalem en prétendant que cela ne plairait pas à Dieu. *(Néhémie 6, 14)*

Ces femmes sont des exemples de personnes qui ont été choisies par Dieu pour partager son message avec les autres. Elles ont été des voix importantes dans leur communauté et ont aidé à guider les gens dans la voie de Dieu. La Bible montre que les femmes peuvent être utilisées par Dieu de la même manière que les hommes, et qu'elles ont un rôle important à jouer dans la vie spirituelle des gens.

E. _Les femmes dans la sagesse : la femme forte (Proverbes 31)_

Dans le livre des Proverbes, il y a une description de la "***femme forte***" dans le chapitre 31. Cette femme est présentée comme ayant des qualités et des compétences exceptionnelles, ce qui en fait un modèle de sagesse et de vertu.

La femme forte est décrite comme une personne travailleuse et déterminée, qui utilise sa force et son intelligence pour gérer sa maison et son entreprise. Elle est capable de produire des biens de qualité, de gérer les finances de sa famille avec sagesse, et de prendre soin de sa famille et de sa communauté.

Elle est également décrite comme une personne pieuse et aimante, qui craint Dieu et qui est respectée par ceux qui l'entourent.

La femme forte est un exemple de la sagesse et de la vertu que les femmes peuvent atteindre. Elle est un modèle pour les femmes et les hommes, montrant comment la sagesse peut être utilisée pour le bien des autres et pour la gloire de Dieu.

II. LES FEMMES DANS LE NOUVEAU TESTAMENT

A. *Marie, mère de Jésus : son rôle dans l'histoire du salut*

Marie, la mère de Jésus, joue un rôle important dans l'histoire du salut en tant que Ministère. Elle a été choisie par Dieu pour être la mère de Jésus, le fils de Dieu, et elle a accepté cette mission avec foi et obéissance.

Le ministère de Marie commence par l'annonce de l'ange Gabriel qu'elle sera la mère de Jésus, comme décrit dans l'évangile de Luc. Elle accepte cette mission avec foi et soumission, disant *"Je suis la servante du Seigneur; que tout se passe pour moi selon ta parole."* (Luc 1:38)

Marie a ensuite vécu la naissance miraculeuse de Jésus, son enfance et sa vie adulte. Elle était présente aux côtés de Jésus tout au long de son ministère public, notamment lors de son premier miracle à Cana où elle a demandé à Jésus de transformer l'eau en vin. Elle a également été témoin de la crucifixion de Jésus et a été présente lors de sa résurrection.

Après la mort et la résurrection de Jésus, Marie est devenue une figure importante de l'Église primitive. Elle était présente avec les apôtres lors de la Pentecôte, où elle a reçu l'Esprit Saint avec les autres disciples.

Le ministère de Marie montre son rôle important dans l'histoire du salut en tant que servante de Dieu, qui a accepté avec foi la mission de donner naissance au fils de Dieu et de le soutenir tout au long de son ministère public. Elle est un exemple de foi, d'obéissance et d'amour pour Dieu et pour son fils Jésus-Christ.

B. <u>*Les femmes dans le ministère de Jésus*</u> : *cas de* Marie de Magdala, la femme hémorroïsse, etc.

Les femmes ont joué un rôle important dans le ministère de Jésus. Jésus a souvent interagi avec les femmes, les a enseignées, guéries et incluses dans son ministère.

Par exemple, Jésus a eu une conversation importante avec la femme samaritaine au puits (Jean 4), où il lui a révélé qu'il était le Messie. Il a également guéri la femme qui souffrait d'hémorragie depuis 12 ans (Marc 5:25-34) et il a ressuscité la fille de Jaïrus (Luc 8:40-56).

Il y a aussi plusieurs femmes qui ont soutenu financièrement le ministère de Jésus, notamment Marie de Magdala, Jeanne, la femme de Chusa, et beaucoup d'autres. Ces femmes ont utilisé leurs ressources pour aider Jésus et ses disciples dans leur ministère.

De plus, après la résurrection de Jésus, il est apparu en premier à des femmes, notamment Marie de Magdala et les autres femmes qui étaient venues pour préparer le corps de Jésus pour l'enterrement (Matthieu 28:1, Marc 16:1-8, Luc 24:1-12, Jean 20:1-18). Jésus leur a donné un message important à transmettre aux disciples.

Dans l'ensemble, les femmes ont joué un rôle important dans le ministère de Jésus en tant qu'élèves, guéries, supportrices et témoins de sa résurrection. Leur présence et leur contribution dans le ministère de Jésus montrent l'importance de l'égalité et de l'inclusion dans le royaume de Dieu.

C. ***Les femmes dans l'Église primitive :*** cas de Phoebe, Priscilla, Junia, etc.

Les femmes ont également joué un rôle important dans l'Église primitive. Elles ont été actives dans l'évangélisation, l'enseignement, la guérison, la prophétie et le soutien aux autres membres de l'église.

Par exemple, dans le livre des Actes, nous voyons que plusieurs femmes ont joué un rôle important dans l'évangélisation et l'enseignement. Priscille, avec son mari Aquilas, a enseigné à Apollos (Actes 18:26), et Philippe avait quatre filles qui prophétisaient (Actes 21:9).

Dans une autre instance, Phoebé est décrite comme une diaconesse (Romains 16:1-2).

En outre, les femmes ont également été impliquées dans le ministère de guérison. Dans le livre des Actes, nous voyons que beaucoup ont été guéris par l'imposition des mains de femmes, comme Tabitha (Actes 9:36-42).

Enfin, les femmes ont été actives dans le soutien aux autres membres de l'église. Dans le livre des Actes, nous voyons que Lydia a ouvert sa maison pour accueillir Paul et Silas (Actes 16:14-15), et Dorcas (ou Tabitha) a travaillé à faire des vêtements pour les pauvres (Actes 9:36-42).

Cependant, il y avait également des controverses autour du rôle des femmes dans l'Église primitive, et certains passages bibliques ont été interprétés de manière à limiter le rôle des femmes dans le leadership. Néanmoins, l'engagement des femmes dans l'Église primitive montre leur importance et leur contribution dans la propagation de l'Évangile et dans le développement de l'Église primitive.

D. ***Les femmes dans les épîtres :*** cas de femmes pieuses, femmes de diacres, femmes mariées, etc.

Les épîtres de la Bible contiennent également des passages qui mentionnent les femmes et leur rôle dans l'Église.

Par exemple, dans l'épître aux Romains, Paul salue Phoebé, une diaconesse qui a été un soutien pour plusieurs personnes, y compris Paul lui-même (Romains 16:1-2).

Dans l'épître aux Corinthiens, Paul discute de la manière dont les femmes devraient se comporter dans l'Église et dans la vie en général. Il affirme que les femmes devraient se couvrir la tête lorsqu'elles prient ou prophétisent en public (1 Corinthiens 11:5), et que les femmes devraient garder le silence dans l'église (1 Corinthiens 14:34-35). Cependant, il est important de noter que ces passages peuvent être interprétés de différentes manières, et que certains commentateurs bibliques pensent que ces passages ne devraient pas être compris comme limitant le rôle des femmes dans l'Église.

Dans l'épître de Paul à Tite, Paul donne des instructions à Tite sur les qualités que les dirigeants de l'Église devraient avoir. Il mentionne que les femmes âgées devraient enseigner les plus jeunes à aimer leur mari et leurs enfants, et à être sensées et pures (Tite 2:3-5).

Enfin, dans l'épître aux Galates, Paul affirme que tous les croyants sont égaux en Christ, indépendamment de leur sexe, de leur nationalité ou de leur statut social (Galates 3:28).

En somme, les épîtres de la Bible montrent que les femmes ont joué un rôle important dans l'Église primitive et que leur contribution a été reconnue et appréciée. Bien que certains passages puissent sembler limiter le rôle des femmes, il est important de les comprendre dans leur contexte historique et culturel et de considérer les autres passages qui reconnaissent l'importance des femmes dans l'Église.

III. LES FEMMES DANS L'HISTOIRE DE L'ÉGLISE

Tout au long de l'histoire de l'Église, les femmes ont joué un rôle important et ont contribué de diverses manières à la propagation de l'Évangile et au développement de l'Église.

Au Moyen Âge, par exemple, les femmes ont joué un rôle important dans l'éducation et l'alphabétisation. Les ordres monastiques féminins ont été créés pour offrir aux femmes l'opportunité de poursuivre leur éducation et de servir la communauté. Les femmes ont également été actives dans la charité et le service aux pauvres et aux malades, et ont fondé des hospices et des hôpitaux.

Au cours de la Réforme protestante, les femmes ont également joué un rôle important. De nombreuses femmes ont été impliquées dans les mouvements de réforme, comme les Anabaptistes, qui ont prêché l'égalité et la coexistence pacifique. Des femmes comme Marie Dentière, une réformatrice française, ont écrit des traités théologiques et ont défendu la cause des femmes dans l'Église.

Au XIXe siècle, les femmes ont été actives dans le mouvement de réveil, qui a encouragé les gens à vivre une vie plus pieuse et à s'engager dans la mission. De nombreuses femmes ont été missionnaires, enseignantes et évangélistes, et ont travaillé avec les pauvres et les marginalisés.

Au XXe siècle, les femmes ont continué à jouer un rôle important dans l'Église. Elles ont été ordonnées dans certaines églises protestantes, et ont occupé des postes de leadership dans l'Église catholique romaine. Les femmes ont également été actives dans les mouvements pour la paix et la justice sociale, et ont travaillé pour l'égalité des sexes et la reconnaissance du rôle des femmes dans l'Église.

En somme, l'histoire de l'Église montre que les femmes ont toujours été présentes et ont contribué de manière significative à la vie de l'Église. Bien que leur rôle ait été limité à certaines époques et dans certaines traditions, leur contribution a été essentielle à la propagation de l'Évangile et à la construction de l'Église.

A. _Les femmes dans les premiers siècles de l'Église_

*: cas de Perpétue et Félicité, Thècle, etc.

Les femmes ont joué un rôle important dans les premiers siècles de l'Église chrétienne. Elles ont souvent été des leaders communautaires, des missionnaires, des martyres et des théologiennes. Certaines femmes, comme Priscilla, Phoebe et Junia, sont mentionnées dans le Nouveau Testament comme ayant un rôle important dans la diffusion de la foi chrétienne.

Cependant, avec le temps, leur rôle dans l'Église a été limité et leur participation a été de plus en plus réduite. Vers la fin du Moyen Âge, les femmes étaient souvent exclues des postes de pouvoir et des fonctions liturgiques.

Il faut noter que la question du rôle des femmes dans l'Église continue d'être débattue aujourd'hui, avec certains mouvements cherchant à rétablir leur participation à des postes de leadership et de prise de décision dans l'Église.

Perpétue et Félicité étaient deux martyres chrétiennes du IIIe siècle, qui ont été arrêtées et condamnées à mort pour leur foi. Elles sont devenues des symboles de l'oppression des femmes dans l'Église, mais aussi de leur force et de leur détermination à suivre leur foi malgré les persécutions.

Thècle était une figure importante du christianisme primitif, ayant vécu au Ier siècle. Elle est connue pour avoir été disciple de l'apôtre Paul et pour avoir été baptisée par l'un de ses compagnons, Barnabé. Elle est également connue pour avoir été une défenseure de la chasteté et de la virginité, et pour avoir été persécutée à cause de cela.

Il y avait aussi d'autres femmes remarquables dans l'Église primitive, telles que Priscille, qui était une missionnaire et une théologienne qui travaillait aux côtés de son mari Aquilas, et Phoebé, une diaconesse mentionnée dans l'épître aux Romains de Paul. Ces femmes ont joué un rôle important dans la diffusion de la foi chrétienne et dans l'édification de l'Église primitive.

B. _Les femmes dans la Réforme_ : Marie Dentière, Jeanne d'Arc, etc.

Les femmes ont également joué un rôle important dans la Réforme de l'Église, qui a eu lieu au XVIᵉ siècle. Les Réformateurs, tels que Martin Luther et Jean Calvin, ont prôné l'égalité des sexes dans l'Église, affirmant que les femmes avaient le droit d'étudier la Bible et de participer à la vie de l'Église.

Des femmes ont été impliquées dans le mouvement de la Réforme dès ses débuts, telles que Katharina von Bora, qui a épousé Martin Luther et est devenue une figure importante de la Réforme luthérienne. D'autres femmes, telles que Marie Dentière et Argula von Grumbach, ont écrit des pamphlets et des traités pour défendre la Réforme et promouvoir l'égalité des sexes.

Cependant, malgré les avancées de la Réforme en matière d'égalité des sexes, les femmes ont encore été souvent exclues des postes de leadership dans l'Église, et leur participation à la vie de l'Église a été limitée. Il faudra attendre plusieurs siècles avant que les femmes ne soient autorisées à participer pleinement à la vie de l'Église, y compris en tant que pasteures et évêques.

C. _Les femmes dans l'histoire moderne_ : cas de Corrie Ten Boom, Mother Teresa, etc.

Au cours de l'histoire moderne de l'Église, les femmes ont continué à jouer un rôle important dans la vie de l'Église, bien que leur participation ait souvent été limitée en raison de l'opposition de certains courants conservateurs.

Au XIXe siècle, plusieurs femmes ont été impliquées dans le mouvement pour l'abolition de l'esclavage, telles que Harriet Tubman et Sojourner Truth, qui étaient également des figures religieuses importantes. Au XXe siècle, des femmes telles que Dorothy Day, fondatrice du « Catholic Worker Movement[2] », ont travaillé pour aider les plus démunis et pour promouvoir la paix et la justice sociale.

Cependant, malgré leur implication dans des causes sociales et politiques importantes, les femmes ont encore été souvent exclues des postes de leadership dans l'Église, y compris dans de nombreuses dénominations chrétiennes. Au fil du temps, des mouvements pour

---

[2] Est un mouvement créé par un communisme chrétien dans un des monastères catholiques, comme une économie de la perfection, possible uniquement sur la base du volontariat. Il est aussi un anti-capitaliste, dans le sens où il condamne l'état d'esprit cupide, d'un matérialisme.

l'égalité des sexes dans l'Église ont vu le jour, et des femmes ont commencé à occuper des postes de plus en plus importants, tels que pasteures, évêques et théologiennes. Cependant, le chemin vers l'égalité complète des sexes dans l'Église est encore long et il y a encore beaucoup de travail à faire pour surmonter les obstacles qui se dressent sur la route.

Corrie Ten Boom était une résistante néerlandaise pendant la Seconde Guerre mondiale. Elle a aidé à cacher des Juifs et d'autres personnes poursuivies par les nazis dans sa maison, avant d'être arrêtée et envoyée dans un camp de concentration. Après la guerre, elle a écrit un livre intitulé "La cachette", qui relate son expérience de résistance et de survie dans les camps de concentration.

Mère Teresa, quant à elle, était une religieuse catholique albanaise qui a consacré sa vie à aider les plus démunis. Elle a fondé les Missionnaires de la Charité, une organisation qui s'occupe des pauvres, des sans-abri, des malades et des mourants dans les pays les plus pauvres du monde. Elle a été honorée par de nombreux prix et distinctions pour son travail humanitaire, notamment le prix Nobel de la paix en 1979.

Ces deux femmes ont marqué l'histoire moderne par leur courage, leur dévouement et leur compassion envers les autres. Elles ont inspiré de nombreuses personnes à travers le monde et ont laissé un héritage durable.

D. *Les femmes africaines dans l'exercice de leur ministère :*

Tout comme en Afrique Il y a eu de nombreuses femmes africaines qui ont eu un impact significatif sur le monde par leur ministère. En voici quelques-unes :

1. ***Mama Maggie Gobran***, également connue sous le nom de "***Mère Teresa de l'Egypte***", est une copte orthodoxe égyptienne qui a fondé l'association Stephen's Children. Elle a dédié sa vie à aider les enfants des quartiers pauvres de l'Egypte en leur offrant une éducation, une nourriture et un abri.

2. ***Wangari Maathai*** était une environnementaliste et militante kenyane qui a fondé le Mouvement de la ceinture verte. Elle a été la première femme africaine à recevoir le prix Nobel de la paix pour son

travail de défense de l'environnement et de promotion de la paix.

3. ***Dora Akunyili*** était une pharmacienne et militante nigériane qui a travaillé pour lutter contre la contrefaçon de médicaments en Afrique. Elle a dirigé l'Agence nationale de réglementation des produits pharmaceutiques et alimentaires du Nigeria et a travaillé pour améliorer la qualité des médicaments dans tout le continent.

Ces femmes extraordinaires ont toutes eu un impact significatif sur le monde par leur ministère et leur dévouement à aider les autres.

IV. LES EXEMPLES DE FEMMES AYANT EXERCE UN MINISTERE DANS LA BIBLE

A. <u>*Myriam, la sœur de Moïse, qui était prophétesse et musicienne*</u>

Myriam était la sœur de Moïse et d'Aaron dans la tradition biblique. Elle est présentée comme une prophétesse et une musicienne dans l'histoire hébraïque, et sa vie et son ministère ont eu un impact significatif sur l'histoire du peuple d'Israël.

Selon l'Exode, Myriam a joué un rôle important dans la libération des Hébreux d'Égypte. Elle a aidé à sauver la vie de Moïse quand il était bébé en le plaçant dans un panier sur le Nil, et plus tard, elle a conduit les femmes hébraïques dans une danse de joie après la traversée de la Mer Rouge.

La Bible décrit Myriam comme une prophétesse qui a parlé avec autorité au nom de Dieu. Elle a chanté des louanges à Dieu et a prophétisé lors de la traversée de la Mer Rouge, et elle a repris Moïse pour avoir épousé une femme éthiopienne.

Le ministère de Myriam a été marqué par son engagement à servir Dieu et à soutenir ses frères dans leurs ministères. Elle était une figure respectée et influente dans la communauté hébraïque, et son héritage continue d'inspirer les croyants aujourd'hui.

En somme, Myriam est une figure importante dans la tradition biblique, et son ministère de prophétesse et de musicienne a joué un rôle crucial dans l'histoire du peuple d'Israël.

B. *Déborah, qui était juge, prophétesse et guerrière*

Déborah était une juge et une prophétesse de l'Israël antique. Elle était connue pour sa sagesse et sa capacité à rendre des jugements justes et impartiaux. Elle est mentionnée dans le Livre des Juges, où il est raconté qu'elle a conduit les Israélites à la victoire dans une bataille contre les Cananéens.

De plus, Déborah était connue pour son influence spirituelle et politique. Elle était respectée et admirée par les Israélites, qui venaient souvent la consulter pour obtenir des conseils et des jugements. Elle est également considérée comme une prophétesse, et il est dit qu'elle a reçu des messages de Dieu qu'elle a transmis au peuple.

Dans l'ensemble, Déborah était une figure importante et respectée dans l'histoire de l'Israël antique, et son ministère a été une source d'inspiration pour de nombreuses personnes à travers les âges. *(Juges 4, 4-14 ; Juges 5, 1-15)*

C. *Hulda, qui était prophétesse et conseillère*

Hulda est une prophétesse mentionnée dans le deuxième livre des Rois et dans le deuxième livre des

Chroniques de la Bible. Elle est apparue dans l'histoire biblique pendant le règne du roi Josias, qui était le 16ème roi de Juda.

La Bible décrit Hulda comme une femme sage et respectée qui avait le don de prophétie. Elle était connue pour son influence spirituelle et politique, et elle était souvent consultée pour obtenir des conseils et des jugements. En effet, la Bible raconte que lorsque le livre de la loi de Moïse a été découvert dans le temple, le roi Josias a envoyé des émissaires consulter Hulda pour savoir ce que Dieu avait à dire sur la question. Hulda a répondu en prophétisant que le peuple de Juda serait puni pour son infidélité, mais que Josias serait épargné en raison de sa piété.

Le ministère de Hulda est souvent considéré comme un exemple de l'importance des femmes dans le christianisme. Elle est l'une des rares femmes prophètes mentionnées dans la Bible, et son rôle en tant que conseillère spirituelle et politique est un témoignage de la sagesse et de la force des femmes dans l'histoire biblique.

En résumé, Hulda était une prophétesse respectée et influente dans l'histoire de la biblique. Son ministère était un exemple de la manière dont les femmes peuvent jouer un rôle important dans le christianisme, et son don de prophétie était considéré comme un témoignage de la sagesse de Dieu.

D. *Phoebe, qui était diaconesse et servante de l'Église*

Phoebe est une femme mentionnée dans la Bible dans l'épître de Paul aux Romains. Elle est décrite comme une diaconesse de l'Église de Cenchrées, une ville portuaire située à proximité de Corinthe.

Selon Paul, Phoebe était une servante fidèle de l'Église, qui avait été d'une grande aide pour lui et pour beaucoup d'autres. Il la décrit comme une bienfaitrice, une femme qui a aidé de nombreuses personnes dans le besoin, y compris Paul lui-même.

Le rôle de Phoebe en tant que diaconesse est également significatif. Dans le christianisme primitif, les diaconesses étaient des femmes chargées de diverses responsabilités au sein de l'Église, notamment la visite des malades, la distribution de la nourriture et des vêtements aux pauvres, et l'aide aux veuves et aux orphelins. Les diaconesses étaient des membres importants de la communauté chrétienne, et leur service était considéré comme un témoignage de leur foi et de leur dévouement envers Dieu.

En résumé, Phoebe était une diaconesse fidèle et servante de l'Église dans l'histoire biblique. Son rôle en tant que bienfaitrice et de femme qui a aidé de nombreuses personnes dans le besoin est un témoignage de son service désintéressé et de sa dévotion envers Dieu. Son exemple est un rappel de l'importance des femmes dans l'histoire du christianisme et de leur rôle crucial dans le service et le témoignage de la foi.

E. *Priscilla, qui était missionnaire, enseignante et co-laboratrice de Paul*

Priscilla était une femme mentionnée dans la Bible en tant que missionnaire, enseignante et co-laboratrice de Paul. Elle était mariée à Aquilas, et tous deux étaient des artisans qui ont travaillé avec Paul.

Priscilla et Aquilas ont rencontré Paul à Corinthe, où ils ont travaillé ensemble à la fabrication de tentes. Paul est resté avec eux pendant un certain temps, et ils sont devenus de bons amis. Ensemble, ils ont prêché l'Évangile et ont aidé à établir de nouvelles églises dans la région.

En plus d'être missionnaires, Priscilla et Aquilas étaient également des enseignants. Ils ont aidé Apollos, un disciple de Jean-Baptiste, à comprendre la vérité de l'Évangile, et l'ont aidé à devenir un leader dans l'Église.

Le rôle de Priscilla en tant que co-laboratrice de Paul est significatif. Dans une époque où les femmes étaient souvent exclues des positions de leadership dans l'Église, Paul a reconnu le rôle important de Priscilla dans le ministère. Dans l'épître aux Romains, il les salue comme des collaborateurs qui ont risqué leur vie pour lui.

En résumé, Priscilla était une missionnaire, enseignante et co-laboratrice de Paul dans l'histoire biblique. Son exemple est un témoignage de l'importance des femmes dans le ministère chrétien et de leur capacité à avoir un impact significatif dans l'Église.

F. _Les femmes qui ont contribué aux ministères de Jésus : Marie de Magdala, la femme hémorroïsse, etc._

Il y a plusieurs femmes qui ont contribué aux ministères de Jésus, mais deux des plus connues sont Marie de Magdala et la femme hémorroïsse.

Marie de Magdala, également connue sous le nom de Marie-Madeleine, était une femme qui avait été guérie par Jésus. Elle était l'une de ses disciples les plus fidèles, suivant Jésus partout où il allait et aidant à financer son ministère. Elle était présente lors de la crucifixion de Jésus et est également connue pour avoir été la première personne à voir Jésus ressuscité.[3]

La femme hémorroïsse était une femme qui avait souffert d'une hémorragie pendant 12 ans. Elle avait essayé de nombreux remèdes, mais aucun n'avait réussi à la guérir. Elle a entendu parler de Jésus et a décidé de le chercher dans l'espoir qu'il puisse la guérir. Elle a touché le bord du vêtement de Jésus et a été immédiatement guérie de son affliction.

Ces deux femmes ont toutes deux contribué au ministère de Jésus de différentes manières. Marie de Magdala était une disciple fidèle qui a aidé à financer son ministère et qui a été témoin de sa résurrection. La femme hémorroïsse était une personne qui avait été guérie par Jésus et qui a témoigné de son pouvoir de guérison. Toutes deux ont été des exemples de foi et de dévotion envers Jésus, et leur exemple continue d'inspirer les chrétiens aujourd'hui.

---

[3] Luc 8, 2 ; Marc 16, 9 ; Jean 20, 11 ; Jean 20, 18

Chapitre II : LE MINISTERE DES FEMMES

I.   DEFINITION DU MINISTERE

Le terme "*ministère*" peut avoir plusieurs significations en fonction du contexte dans lequel il est utilisé. En général, il peut désigner :

1. Un département gouvernemental responsable d'un domaine spécifique, comme le ministère de la Santé, le ministère de l'Éducation, etc.[4]

2. Une organisation religieuse dirigée par un ministre ou un pasteur, comme un ministère chrétien.

3. L'ensemble des fonctions et des responsabilités d'un ministre ou d'un pasteur, telles que l'enseignement de la doctrine, la prédication, la prière, le conseil, etc.

Dans le contexte biblique, le ministère se réfère généralement à l'ensemble des fonctions et des responsabilités d'un dirigeant religieux, tel que prêtre, pasteur, apôtre, prophète, etc.

---

[4] Dictionnaire Larousse

Le ministère est un service sacré que l'on offre à Dieu et aux autres, en utilisant ses dons et ses talents pour enseigner, guider, soigner, encourager et soutenir les fidèles dans leur vie spirituelle.

Le ministère dans la Bible est souvent associé à la prédication de la parole de Dieu, à la prière, à l'administration des sacrements tels que le baptême et la communion, et à la gestion des affaires de l'église. Les dirigeants religieux sont appelés à être des modèles de vertu, à pratiquer la charité et à prendre soin des plus démunis.

Le ministère est également considéré comme une vocation, une tâche que Dieu appelle certains individus à accomplir pour servir sa cause et son peuple. Le ministère est donc un engagement sérieux qui exige une grande humilité, une forte détermination et une grande responsabilité.

En somme, le terme "ministère" est souvent utilisé pour désigner une organisation ou une fonction qui a pour but de servir ou de diriger un groupe de personnes dans un domaine spécifique, que ce soit dans le domaine gouvernemental, religieux ou autre.

II. LE ROLE DES FEMMES DANS LE MINISTERE

Le rôle des femmes dans le ministère est un sujet débattu depuis longtemps dans les différentes traditions chrétiennes. Dans la Bible, nous voyons que les femmes ont joué un rôle important dans l'évangélisation et dans la vie de l'église primitive.

Par exemple, dans le Nouveau Testament, nous voyons que des femmes ont soutenu financièrement et logistiquement le ministère de Jésus et de ses disciples (Luc 8:1-3). Nous voyons également que des femmes ont été les premières témoins de la résurrection de Jésus et ont été chargées de le proclamer aux autres (Matthieu 28:1-10, Luc 24:1-12).

Dans les lettres de Paul, nous voyons que des femmes ont été mentionnées comme collaboratrices dans l'évangélisation et le ministère (Romains 16:1-7, Philippiens 4:2-3). Il est également important de noter que dans Galates 3:28, Paul écrit que "il n'y a ni homme ni femme, car tous vous êtes un en Jésus-Christ."

Cependant, il est vrai que dans certaines traditions chrétiennes, le rôle des femmes a été limité en raison d'une interprétation particulière des écritures. Mais il est important de noter que la Bible ne restreint pas explicitement le ministère des femmes, et que de nombreuses femmes ont joué un rôle important dans l'évangélisation et la vie de l'église à travers l'histoire.

III.   LES DIFFERENTS TYPES DE MINISTERE

Selon la Bible, il y a plusieurs types de ministères[5] et de dons spirituels qui sont accordés par Dieu à son peuple.

Le Saint-Esprit est capable de donner plus que ce que nous pouvons découvrir dans la bible comme ministères et/ou dons. La bible l'atteste par : « ***Mais le consolateur, l'Esprit Saint, que le Père enverra en, mon nom, vous enseignera toutes choses, …*** »

Voici quelques exemples :

- ***Les ministères de service :*** l'hospitalité, la miséricorde, etc.
- ***Les ministères d'enseignement :*** enseignement biblique, formation, etc.
- ***Les ministères de leadership :*** direction d'équipe, de groupe, etc.

Les ministères de louange et d'adoration : musique, chant, danse, etc.

---

[5] Ephésiens 4, 11-12

- ***Le ministère des apôtres :*** les apôtres sont des témoins choisis par Jésus pour répandre l'Évangile dans le monde entier.

- ***Le ministère des prophètes :*** les prophètes sont appelés à parler au nom de Dieu et à annoncer ses desseins pour l'humanité.

- ***Le ministère des évangélistes :*** les évangélistes sont chargés de prêcher l'Évangile et d'amener les gens à Jésus-Christ.

- ***Le ministère des pasteurs :*** les pasteurs sont responsables de guider et de nourrir spirituellement les membres d'une communauté chrétienne.

- ***Le ministère des enseignants :*** les enseignants sont appelés à expliquer et à interpréter les Écritures pour aider les gens à mieux comprendre la volonté de Dieu.

Quant aux dons spirituels[6], ils peuvent inclure :

- ***Le don de la sagesse :*** la capacité de comprendre les choses de Dieu et de les appliquer dans la vie quotidienne.

---

[6] 1 Corinthiens 12, 8-10 ; Romains 12, 6-8

- ***Le don de la connaissance :*** la capacité de comprendre les choses spirituelles et de les enseigner aux autres.

- ***Le don de la foi :*** la capacité de croire en Dieu et de faire confiance à ses promesses, même dans les situations les plus difficiles.

- ***Le don de guérison :*** la capacité de guérir les maladies physiques ou spirituelles des gens au nom de Jésus-Christ.

- ***Le don des miracles :*** la capacité de faire des miracles au nom de Jésus-Christ, comme la multiplication des pains ou la guérison instantanée de maladies incurables.

- ***Le don de prophétie :*** la capacité de parler au nom de Dieu et de révéler sa volonté pour les gens.

- ***Le don de discernement des esprits :*** la capacité de discerner les esprits et de savoir si une personne ou une situation est d'origine divine ou démoniaque.

- ***Le don de langues :*** la capacité de parler des langues inconnues pour louer Dieu et édifier les croyants.

- ***Le don d'interprétation des langues :*** la capacité de comprendre et d'interpréter les langues inconnues parlées dans une assemblée de croyants.

Tel que Paul le dit dans 1 corinthiens 12, 4-6 : « *il y a diversité de dons, mais le même Esprit ; diversité de ministères, mais le même Seigneur ; diversité d'opérations, mais le même Dieu qui opère tout en tous. Or, à chacun la manifestation de l'Esprit est donnée pour l'utilité commune.* » Alors chacun doit rester dans son couloir par rapport à ce qu'il fait.

Chapitre III : A LA DECOUVERTE DE SON MINISTERE OU SON DON

Dans ce chapitre nous répondrons aux questions telles que :

1. Comment découvrir son ministère ou son don ?

2. Comment reconnaitre les signes de son ministère ou de son don ?

3. Comment demander l'avis des autres pour découvrir son ministère ou son don ?

4. Comment utiliser ses expériences passées pour découvrir son ministère ou son don ?

Découvrir son ministère ou son don est une question importante pour tout chrétien qui souhaite servir Dieu et sa communauté de manière efficace et significative. Voici quelques étapes que vous pouvez suivre pour découvrir votre ministère ou votre don :

1. ***Priez :*** demandez à Dieu de vous guider et de vous donner la sagesse, pour découvrir votre ministère ou votre don, pour la patience et les persévérances nécessaires dans la découverte de votre ministère ou don. La prière peut vous apporter la paix et la clarté

d'esprit dont vous avez besoin pour continuer votre recherche.

2. ***Étudiez la Bible :*** la Bible est une source d'inspiration et de guidance pour découvrir votre ministère ou votre don. Étudiez les passages bibliques qui parlent des dons spirituels et des ministères, et cherchez à comprendre comment ces enseignements peuvent s'appliquer à votre vie.

3. **Évaluez vos compétences et vos intérêts :** réfléchissez à vos compétences, à vos passions et à vos intérêts, et cherchez à comprendre comment vous pourriez les mettre au service de Dieu et de votre communauté.

Il y a plusieurs façons d'évaluer vos compétences et vos intérêts d'une personne. Voici quelques idées :

- ***Les tests de personnalité et d'aptitudes :*** qui peuvent vous aider à identifier vos compétences et vos intérêts. Il existe de nombreux tests disponibles sur Internet et dans les centres de conseil en orientation professionnelle.

- ***Les évaluations de performance :*** qui peuvent être une bonne façon de mesurer vos compétences dans un environnement de travail. Les superviseurs peuvent évaluer la façon dont vous accomplissez vos tâches et vos responsabilités.

- ***Les entretiens :*** peuvent aider à évaluer vos compétences et vos intérêts en posant des questions sur vos expériences passées, vos centres d'intérêt et vos objectifs professionnels.

- ***Les observations :*** peuvent être utiles pour évaluer les compétences d'une personne dans un environnement de travail. Les superviseurs peuvent vous observer en tant qu'employés pour voir comment vous accomplissez vos tâches et vos responsabilités.

- ***Les projets et les activités :*** peuvent aussi être utiles pour évaluer vos compétences et vos intérêts. Les employeurs peuvent donner aux employés des projets qui mettent en valeur leurs compétences et leurs intérêts.

Il est important de noter que l'évaluation des compétences et des intérêts est un processus continu. Les compétences et les intérêts peuvent changer avec le temps, et il est important de tenir compte de ces changements lors de votre évaluation.

4. ***Demandez conseil à des mentors (ou Leaders) spirituels :*** de vous aider à découvrir votre ministère ou votre don. Ils pourront vous donner des conseils, des encouragements et des orientations pour vous aider à avancer.

Trouvez un mentor ou un conseiller : Trouvez quelqu'un en qui vous avez confiance et qui peut vous aider à explorer vos intérêts et compétences. Cette personne peut vous aider à voir les choses sous un angle différent et vous donner des conseils sur la façon de poursuivre votre recherche.

Un mentor spirituel peut être un leader religieux, un ami ou un membre de la famille qui est plus avancé spirituellement, ou même une personne qui a une expérience de vie particulière qui peut aider à guider une autre personne dans sa vie spirituelle. Et peut aider à répondre aux questions et aux doutes de la personne, et à offrir des conseils pratiques sur la façon de développer une vie spirituelle plus profonde et plus significative. Ils peuvent également aider à fournir un soutien émotionnel et spirituel dans les moments difficiles de la vie pour l'aider à grandir dans sa foi ou sa spiritualité.

5. ***Engagez-vous dans des activités de service :*** essayez différents types de service au sein de votre église ou de votre communauté, et cherchez à comprendre ce qui vous passionne le plus et où vous êtes le plus efficace.

Nos passions peuvent souvent nous donner des indices sur notre ministère ou don. Voici quelques façons dont cela peut se produire :

- Nos passions reflètent souvent nos talents et nos compétences naturelles : Si vous êtes passionné par quelque chose, cela peut être un signe que vous avez un talent naturel dans ce domaine. Par exemple, si vous êtes passionné par la musique, cela peut indiquer que vous avez un don pour jouer d'un instrument ou chanter.

- Nos passions peuvent nous conduire à des opportunités : Si vous êtes passionné par quelque chose, vous serez probablement plus à l'aise à poursuivre des opportunités dans ce domaine. Par exemple, si vous êtes passionné par les soins aux animaux, vous pourriez chercher des opportunités de bénévolat dans un refuge pour animaux ou chercher un travail dans une clinique vétérinaire.

- Nos passions peuvent nous donner des idées créatives : Si vous êtes passionné par quelque chose, cela peut vous inspirer pour trouver de nouvelles façons de servir les autres. Par exemple, si vous êtes passionné par l'écriture, vous pourriez écrire des articles pour un journal ou un blog qui inspirent les autres ou partagent vos expériences et même être éditeur dans une maison d'éditions.

- Nos passions peuvent nous donner un sens de satisfaction et de joie : Si vous êtes passionné par quelque chose, cela peut vous donner un sens de satisfaction et de joie lorsque vous le faites. Cela peut être un signe que vous êtes sur la bonne voie pour découvrir votre ministère ou don.

En résumé, nos passions peuvent souvent nous donner des indices sur notre ministère ou don en révélant nos talents et compétences naturels, en nous conduisant à des opportunités, en nous inspirant pour des idées créatives et en nous donnant un sens de satisfaction et de joie.

6. ***Soyez patient*** : la découverte de votre ministère ou de votre don peut prendre du temps. Soyez patient et continuez à chercher la guidance et les conseils de Dieu et de votre communauté spirituelle.

7. ***Soyez ouvert d'esprit*** : Il est important d'être ouvert d'esprit pendant le processus de découverte de son ministère ou don. Essayez de ne pas vous fixer sur une idée particulière et soyez prêt à explorer de nouvelles options.

8. ***Écoutez votre cœur et vos émotions*** : pendant le processus de découverte. Si quelque chose vous passionne et vous apporte de la joie, cela pourrait être un signe que vous êtes sur la bonne voie.

9. ***Soyez patient :*** avec vous-même. Car, découvrir son ministère ou don peut prendre du temps, et cela peut être un processus qui comporte des hauts et des bas. Essayez de ne pas vous décourager si vous ne trouvez pas immédiatement ce que vous cherchez, et continuez à chercher avec confiance.

En suivant ces étapes, vous pourrez découvrir votre ministère ou votre don et commencer à servir Dieu et votre communauté de manière significative.

Après la grande découverte de votre ministère, vous devez maintenant savoir comment l'exercer. Cette question trouvera sa réponse dans le chapitre suivant.

Chapitre IV : DE L'EXERCICE DE SON MINISTERE OU SON DON ?

Dans ce chapitre nous répondront aux questions posées régulièrement, parfois qui n'ont jamais trouvé des réponses, à savoir :

1. Comment servir dans l'église ou la communauté ?
2. Comment utiliser ses dons pour aider les autres ?
3. Comment développer ses compétences pour mieux exercer son ministère ou son don ?

Une fois que vous avez découvert votre ministère ou votre don, il est important de chercher à l'exercer de manière efficace et significative. Voici quelques étapes que vous pouvez suivre pour exercer votre ministère ou votre don :

1. ***Cultivez une relation avec Dieu :*** votre ministère ou votre don doit être ancré dans une relation profonde et authentique avec Dieu. Prenez du temps chaque jour pour prier, étudier la Bible et écouter la guidance de Dieu.

2. ***Cherchez à grandir dans votre ministère ou votre don*** : cherchez à améliorer vos compétences et à développer votre connaissance dans votre

domaine de ministère ou de don. Apprenez auprès de mentors spirituels, de livres, de cours ou de formations en présentiel ou en ligne.

3. ***Cherchez des opportunités de service :*** dans votre église ou dans votre communauté, et cherchez à comprendre comment vous pouvez utiliser votre ministère ou votre don pour répondre à des besoins spécifiques.

4. ***Soyez engagé et fidèle :*** dans votre ministère ou votre don, en donnant régulièrement de votre temps, de votre énergie et de vos compétences pour servir Dieu et votre communauté.

5. ***Soyez ouvert à la guidance de Dieu :*** pour votre ministère ou votre don, en cherchant à comprendre comment Dieu vous appelle à servir de manière spécifique. Soyez prêt à changer de direction si Dieu vous appelle à le faire.

En suivant ces étapes, vous pourrez exercer votre ministère ou votre don de manière efficace et significative, en servant Dieu et votre communauté avec passion, dévouement et amour.

Chapitre IV : DE L'EMERGENCE DANS L'EXERCE SON MINISTERE OU SON DON ?

Comment vivre le succès ou la réussite dans l'exercice de son ministère et surtout en tant que femme ? cette question trouve sa réponse dans ce chapitre.

Plusieurs conseils pratiques pour ceux qui cherchent à émerger dans l'exercice de leur ministère :

1. Chercher à connaître sa vocation : La Bible nous rappelle que Dieu a un plan pour notre vie et qu'il nous a donné des dons et des talents spécifiques pour accomplir sa volonté. Il est donc important de chercher à découvrir notre vocation et à travailler à développer les dons que Dieu nous a donnés.

2. Se former et se préparer : La Bible nous encourage à nous former et à nous préparer pour le ministère. Cela peut impliquer de suivre des cours de théologie, de lire des livres et des commentaires bibliques, de participer à des groupes d'étude de la Bible et de travailler avec des mentors spirituels.

3. Être humble et serviable : La Bible nous rappelle que Jésus est venu pour servir et non pour être servi. En servant les autres avec humilité et désintéressement, nous pouvons émerger dans l'exercice de notre ministère et glorifier Dieu dans tout ce que nous faisons.

4. Prier et rechercher la direction de Dieu : La Bible nous encourage à prier et à chercher la direction de Dieu pour notre vie et notre ministère. En nous appuyant sur la sagesse et la direction de Dieu, nous pouvons être équipés pour accomplir sa volonté.

5. Être fidèle et persévérant : La Bible nous rappelle que le ministère peut être difficile et que nous pouvons faire face à des obstacles et des défis. Il est donc important d'être fidèle et persévérant dans notre appel, en gardant les yeux fixés sur Jésus et en nous appuyant sur sa force et sa grâce pour nous aider à aller de l'avant.

La Bible offre de nombreux conseils pour ceux qui cherchent à émerger dans l'exercice de leur ministère. Tout d'abord, il est important de se rappeler que Dieu nous a chacun donné des dons et des talents uniques pour servir sa cause. Il est important de chercher à découvrir ces dons et à les développer pour être efficace dans notre ministère.

Ensuite, il est important de se former et de se préparer pour le ministère. Cela peut impliquer de suivre des cours de théologie, de lire des livres et des commentaires bibliques, de participer à des groupes d'étude de la Bible et de travailler avec des mentors spirituels.

Enfin, il est important de chercher à servir les autres de manière humble et désintéressée. Jésus a dit dans Matthieu 20:28 : "***Le Fils de l'homme n'est pas venu pour être servi, mais pour servir et donner sa vie en rançon pour beaucoup.***" En servant les autres avec amour et dévouement, nous pouvons émerger dans l'exercice de notre ministère et glorifier Dieu dans tout ce que nous faisons.

I. Des histoires de femmes qui ont découvert leur ministère ou leur don en se basant sur les enseignements bibliques

Voici quelques histoires inspirantes de femmes qui ont découvert leur ministère ou leur don en se basant sur les enseignements bibliques :

1. Priscilla : Priscilla était une femme de foi dans l'église primitive qui a travaillé aux côtés de son mari, Aquila, pour enseigner et guider d'autres chrétiens. Dans Actes 18:24-26, Priscilla et Aquila rencontrent Apollos, un homme éloquent qui ne connaissait pas encore la voie du Seigneur. Priscilla et Aquila ont travaillé ensemble pour enseigner à Apollos la vérité de l'Évangile, montrant ainsi l'importance du ministère des femmes dans l'enseignement de la Parole de Dieu.

2. Déborah : Déborah était une juge et une prophétesse dans l'Ancien Testament, qui a aidé le peuple d'Israël à trouver la direction de Dieu dans des moments difficiles. Dans Juges 4:4-5, il est dit que Déborah était une femme sage et respectée, qui a servi Dieu fidèlement et a utilisé ses dons de leadership et de prophétie pour guider son peuple.

3. Marie de Béthanie : Marie de Béthanie était une amie de Jésus, qui a utilisé son don de l'hospitalité pour servir Jésus et ses disciples. Dans Luc 10:38-42, Marie accueille Jésus et ses disciples dans sa maison, leur prépare un repas et s'assoit aux pieds de Jésus pour l'écouter. Cette histoire montre l'importance du don de l'hospitalité et de l'écoute attentive et active de la Parole de Dieu.

4. Phoebe : Phoebe était une diaconesse dans l'église primitive, qui a aidé à soutenir les ministères de Paul et d'autres leaders spirituels. Dans Romains 16:1-2, Paul décrit Phoebe comme une femme de foi et de service, qui a été une aide précieuse pour lui et pour l'église.

Ces histoires montrent que les femmes ont toujours joué un rôle important dans le ministère de Dieu, et qu'elles peuvent découvrir et exercer leur ministère ou leur don en se basant sur les enseignements bibliques et en étant guidées par l'Esprit Saint.

II. **Comment ces femmes ont exercé leur ministère ou leur don et comment cela a eu un impact sur leur vie et sur la vie des autres**

Les femmes ont exercé leur ministère et leur don de différentes manières à travers l'histoire. Certaines ont été des dirigeantes de communautés religieuses, des prédicatrices, des missionnaires, des enseignantes et des guérisseuses. Chacune de ces femmes a eu un impact significatif sur sa propre vie et sur celle des autres.

Par exemple, Sainte Thérèse d'Avila, une mystique du XVIe siècle, a fondé de nombreuses communautés religieuses et a écrit des œuvres spirituelles profondes qui ont inspiré des générations de croyants. Florence Nightingale, une infirmière britannique du XIXe siècle, a révolutionné les soins de santé en établissant des normes sanitaires élevées dans les hôpitaux militaires et civils.

Ces femmes ont souvent dû surmonter des obstacles pour exercer leur ministère, tels que des préjugés sexistes et des restrictions imposées par les institutions religieuses. Cependant, leur persévérance et leur détermination ont ouvert la voie à d'autres femmes pour poursuivre leur appel dans l'Église et dans la société en général.

En fin de compte, ces femmes ont laissé un héritage durable qui continue d'inspirer et de guider les gens aujourd'hui. Nous devrions tous être reconnaissants pour leur contribution à l'histoire et aux progrès de notre société.

Ce qui est vrai, pour y arriver, cela n'est pas facile, car elles rencontrent plusieurs défis que nous découvrirons dans le chapitre suivant.

Chapitre VI : LES DEFIS DES FEMMES DANS LE MINISTERE

Les femmes sont exposées à plusieurs défis liés à leurs ministères ; c'est pourquoi ceux qui réussissent, il faut toujours les encourager d'une manière ou d'une autre.

Les défis du ministère pour les femmes peuvent être multiples, voici quelques exemples supplémentaires en plus de ceux que vous avez évoqués :

1. ***La discrimination liée au genre :*** dans certains milieux religieux, les femmes peuvent être exclues de certains ministères ou ne pas être considérées comme ayant les mêmes compétences que les hommes.

2. ***Les pressions familiales ou communautaires :*** les femmes peuvent être confrontées à des attentes ou des obligations familiales ou culturelles qui limitent leur engagement dans le ministère. Comme certains tributs dans mon pays, la RDC, qui considèrent les femmes comme des objets sans valeurs. Dans cette communauté, rare sont les femmes qui réussissent.

3. ***Le manque de modèles féminins :*** dans certaines Églises ou communautés religieuses, il peut y avoir un manque de femmes exerçant des ministères de manière visible, ce qui peut limiter l'ambition ou la motivation des femmes à s'engager dans des

ministères. Par exemple, dans notre communauté, le Ministères Génération Joël, beaucoup des femmes sont motivées et engagées à servir Dieu lorsqu'elles voient les femmes dynamiques comme Pasteure Irène MULOBE MANDAKU, Pasteure Emiliane ABIBA KAKUDJI, Pasteure Déborah BANZA, Prophétesse ASSY KIMUNI, Pasteure Noëlla ILUNGA, Maman Nathalie BADY, etc. exercer visiblement et librement leur ministère.

4. ***Les difficultés de financement :*** les femmes peuvent avoir plus de difficultés à financer leur formation ou leur engagement dans le ministère, en raison de salaires inférieurs ou de préjugés liés au genre dans le financement de projets.

5. LES DEFIS CULTURELS QU'A UNE FEMME DANS L'EXERCICE DE SON MINISTERE

Les femmes qui exercent un ministère peuvent également être confrontées à des défis culturels en raison de leurs antécédents culturels et de leur contexte. Voici quelques-uns des défis culturels auxquels une femme pourrait être confrontée dans l'exercice de son ministère :

- ***Attentes culturelles :*** Selon leur culture d'origine, les femmes peuvent avoir des attentes différentes de celles de leur communauté religieuse. Par exemple, certaines cultures peuvent ne pas accorder de rôle de leadership aux femmes, ou peuvent attendre des femmes qu'elles se conforment à des normes de comportement strictes. Il est important de trouver un équilibre entre honorer sa culture et suivre l'appel de Dieu.

- ***Barrières linguistiques :*** Si vous travaillez dans une communauté où la langue est différente de votre langue maternelle, cela peut être difficile. La communication peut être un défi, tout comme la compréhension des nuances culturelles. Il est important de travailler sur vos compétences linguistiques et culturelles pour mieux communiquer avec les membres de votre communauté.

- ***Stéréotypes culturels :*** Les femmes peuvent être victimes de stéréotypes culturels, qui peuvent influencer la façon dont elles sont perçues dans leur rôle de leadership. Par exemple, certaines cultures peuvent considérer que les femmes sont faibles ou incapables de prendre des décisions importantes. Il est important de travailler à briser ces stéréotypes en faisant preuve de leadership fort et en montrant que les femmes peuvent être des leaders efficaces.

- ***Pressions familiales :*** Dans certaines cultures, les femmes peuvent être sous pression pour se marier et avoir des enfants plutôt que de poursuivre une carrière dans le ministère. Il est important de trouver un équilibre entre les responsabilités familiales et le travail dans le ministère, et de travailler avec votre famille pour surmonter ces pressions.

En fin de compte, les femmes qui exercent un ministère peuvent être confrontées à des défis culturels uniques. Il est important de travailler avec diligence pour surmonter ces défis tout en honorant votre culture d'origine et en suivant l'appel de Dieu pour votre vie.

6. LES DEFIS SPIRITUELS QU'A UNE FEMME DANS L'EXERCICE DE SON MINISTERE

En tant que femme exerçant un ministère spirituel, il y a plusieurs défis auxquels vous pourriez être confrontée. Voici quelques-uns de ces défis :

- ***Sexisme :*** Malheureusement, il y a encore des préjugés envers les femmes dans certains milieux religieux. Vous pourriez rencontrer des personnes qui ne croient pas que les femmes doivent occuper des positions de leadership dans l'église. Cela peut être décourageant, mais il est important de se rappeler que Dieu appelle et équipe les femmes pour le ministère.

- ***Équilibre travail-vie personnelle :*** Si vous travaillez à temps plein dans le ministère, cela peut être difficile de trouver un équilibre entre votre travail et votre vie personnelle. Il est important de prendre soin de vous et de votre famille pour éviter l'épuisement professionnel.

- ***Relations interpersonnelles :*** Comme pour tout ministère, les relations interpersonnelles peuvent être un défi. Il peut y avoir des conflits avec d'autres membres de l'église ou des membres de votre équipe de ministère. Il est important de travailler sur les relations et de chercher à réconcilier les différences.

- ***Pression sociale :*** Les femmes peuvent ressentir une pression sociale pour être parfaites dans leur rôle de leader spirituel. Cela peut être difficile à gérer, mais il est important de se rappeler que personne n'est parfait et que Dieu utilise nos faiblesses pour sa gloire.

- ***Discrimination raciale :*** En plus du sexisme, les femmes de couleur peuvent également faire face à de la discrimination raciale dans certains milieux religieux. Il est important de se rappeler que Dieu ne fait aucune distinction de race ou de genre et que nous sommes tous égaux en Christ.

Ces défis peuvent être différents selon les contextes culturels, religieux ou sociaux. Il est important de les identifier et de les comprendre pour pouvoir les surmonter et encourager les femmes à s'engager pleinement dans les ministères auxquels elles sont appelées.

En fin de compte, il est important de se rappeler que Dieu appelle et équipe les femmes pour le ministère. Avec sa force et sa grâce, vous pouvez surmonter les défis et accomplir sa volonté pour votre vie.

CONCLUSION

En explorant le ministère des femmes dans la Bible et dans notre monde d'aujourd'hui, nous avons vu que les femmes ont toujours joué un rôle crucial dans l'histoire de l'Église et dans la propagation de l'Évangile. Malgré les défis et les obstacles qu'elles ont pu rencontrer, elles ont montré une grande force, une grande persévérance et un grand dévouement pour servir Dieu et leur communauté.

Nous avons vu que les ministères des femmes peuvent prendre de nombreuses formes, allant du service humble et discret à des rôles de leadership plus visibles et plus influents. Nous avons vu que les femmes ont apporté des contributions précieuses dans tous les domaines du ministère, de l'enseignement à la musique, de la diaconie à la prédication.

Nous avons également vu que les femmes ont dû surmonter de nombreux défis pour exercer leur ministère, notamment en raison des préjugés et des stéréotypes liés au genre, des obstacles culturels et sociaux, des pressions familiales et des difficultés de financement. Mais malgré ces défis, les femmes continuent de répondre à l'appel de

Dieu et de s'engager dans le ministère avec passion et détermination.

Nous espérons que ce livre vous a inspiré et vous a encouragé à poursuivre votre propre appel dans le ministère, que vous soyez un homme ou une femme. Nous espérons que vous avez été encouragé à reconnaître et à célébrer les contributions précieuses des femmes dans l'histoire de l'Église et dans notre monde d'aujourd'hui. Et nous espérons que vous avez été encouragé à chercher des moyens de surmonter les obstacles qui peuvent encore empêcher les femmes de s'engager pleinement dans le ministère.

Que chacun et chacune de nous puisse répondre à l'appel de Dieu dans notre vie et dans notre ministère, en cherchant à servir avec humilité, courage et dévouement. Que Dieu bénisse chacun et chacune de nous dans notre chemin de foi et de service.

QUESTIONS AUX LECTRICES (LECTEURS) DE CE LIVRE

Tu as lu ce livre de début à la fin, nous vous prions de répondre aux questions suivantes dans votre agenda secret, méditez les réponses que vous donnerez et travaillez dessus, pour stimuler la réflexion, à encourager la croissance personnelle et à inspirer les femmes à embrasser leurs dons et ministères uniques avec un sens renouvelé du but et de la responsabilité. En s'engageant avec ces questions, les femmes peuvent acquérir une meilleure compréhension de leur appel et avoir un impact positif dans leurs communautés et dans le monde

Section 1 : Réflexion sur les Femmes dans la Bible

1. Comment la représentation des femmes dans la Bible remet-elle en question ou renforce-t-elle les rôles traditionnels liés au genre ?

____

____

2. Quels exemples tirés de la vie des femmes de la Bible vous inspirent à cultiver vos propres dons et talents ?

____

____

3. En quoi les enseignements bibliques sur les rôles et les responsabilités des femmes correspondent-ils à vos valeurs et croyances personnelles ?

____

____

4. De quelles manières spécifiques pouvez-vous appliquer la sagesse acquise auprès des femmes de la Bible à votre vie quotidienne ?

____

____

5. Comment pouvons-nous nous assurer que les histoires et les voix des femmes de la Bible ne soient pas négligées ou marginalisées dans les interprétations modernes ?

____

____

Section 2 : Comprendre le Ministère des Femmes

6. En quoi le concept de ministère appliqué aux femmes diffère-t-il des notions traditionnelles de ministère ?

____

____

7. Quels sont les défis et les opportunités uniques auxquels les femmes sont confrontées lorsqu'elles répondent à leur appel au ministère ?

____

____

8. Comment les femmes peuvent-elles efficacement équilibrer leurs responsabilités ministérielles avec d'autres aspects de leur vie, tels que la famille, le travail et le bien-être personnel ?

____

____

9. Quels sont des exemples concrets de femmes qui ont apporté des contributions significatives à l'église et au monde à travers leurs ministères ?

____

____

10. Comment pouvons-nous encourager et soutenir les femmes à assumer des rôles de leadership et des positions d'influence au sein de leurs communautés et de leurs sphères d'influence ?

____

____

Section 3 : Se lancer dans le voyage de la découverte

11. Quels obstacles personnels ou quelles croyances limitantes pourraient empêcher une femme de découvrir son ministère ou son don ?

____

____

12. Quels outils et ressources pratiques les femmes peuvent-elles utiliser pour clarifier leur vocation et leur but unique ?

____

____

13. Comment les femmes peuvent-elles surmonter la peur et le doute pour poursuivre en toute confiance leur ministère ou leur don, même face aux défis ?

____

____

14. Quel rôle jouent la prière, la méditation et la direction spirituelle dans le discernement de son ministère ou de son don ?

____

____

15. Comment les femmes peuvent-elles trouver un mentorat, un soutien et des encouragements auprès d'autres femmes activement impliquées dans le ministère ?

____

____

Section 4 : Activer Votre Ministère ou Votre Don

16. Quelles mesures concrètes les femmes peuvent-elles prendre pour commencer à exercer leur ministère ou leur don dans leurs communautés et leurs sphères d'influence ?

____

____

17. Comment les femmes peuvent-elles identifier et exploiter leurs forces, leurs talents et leurs expériences pour avoir un impact significatif dans leurs efforts ministériels ?

____

____

18. Quelles sont les stratégies pour surmonter les défis et les obstacles qui peuvent survenir lorsque les femmes s'engagent dans leur ministère ou leur don ?

19. Comment les femmes peuvent-elles continuer à apprendre, grandir et développer leur ministère ou leur don tout au long de leur vie ?

20. Quelles opportunités existent pour les femmes de collaborer, de créer des réseaux et de se soutenir mutuellement dans leurs efforts ministériels ?

Section 5 : Apprendre des Études de Cas

21. Quelles leçons clés pouvons-nous tirer des expériences de femmes qui ont exercé avec succès leur ministère ou leur don ?

22. Comment pouvons-nous appliquer les enseignements tirés de ces études de cas à nos propres vies et à nos propres ministères ?

23.   Quels thèmes ou modèles communs émergent des expériences de ces femmes dans leur parcours ministériel ?

24.   Comment pouvons-nous célébrer et honorer les contributions des femmes activement impliquées dans le ministère, malgré les défis qu'elles peuvent rencontrer ?

25.   Quelles mesures pouvons-nous prendre pour garantir que plus de femmes aient la possibilité de découvrir, développer et exercer leur ministère ou leur don dans le monde ?

Que le seigneur Jésus-Christ vous bénisse pour votre temps consacré à la lecture de cet ouvrage et que cela soit bénéfique de génération à génération pour votre parcours ministériel !

BIBLIOHRAPHIE

1. A.G. Martinort, *Les Diaconesses. Essai historique*, coll. « Bibliotheca Ephemerides liturgicae Subsidia » nᵒ 24, Rome, C.L.V., Edizioni Liturgiche, 1982.

2. Claudette Marquet, *Femme et homme il les créa...*, éd. Les Bergers et les Mages, 1984

3. Élisabeth Behr-Sigel et Mᵍʳ Kallistos Ware, *L'Ordination des femmes dans l'Église orthodoxe*, Cerf, 1998

4. *Femmes, pouvoir et religions, Revue de droit canonique* t., <u>Institut de droit canonique de Strasbourg</u>, juin 1996

5. Hervé Legrand, « L'ordination des femmes au presbytérat », in Bernard Lauret et François Refoule (éd.), *Initiation à la pratique de la théologie. Tome III : Dogmatique 2*, Paris, Cerf, 1993,

6. Hervé Legrand, « Traditio perpetua servata ? La non-ordination des femmes : tradition ou simple fait historique ? » in *Rituels, Mélanges offerts au père Gy*, Cerf, 1990

7. Ida Raming, "Naissance et développement du mouvement pour l'ordination des femmes dans l'Église catholique romaine d'Europe", *Approches féministes de l'Histoire et de la Religion*, Angela Berlis et Charlotte Methuen (Eds) (Annuaire de l'Association Européenne des Femmes pour la recherche théologique, nᵒ 8), Leuven : Peeters 2000,

8. Janine Hourcade, *La Femme dans l'Église. Étude anthropologique et théologique des ministères féminins*, éd. Tequi, 1986

9. John Winjgaards, *L'ordination des femmes dans l'Église catholique*, éd. Association Chrétiens autrement, 2005

10. M.J. Bérère, R. Dufourt, D. Singles, *Et si on ordonnait des femmes ?*, Le Centurion, 1982

11. Margo Gravel-Provencher, *La Déclaration Inter Insignoires. Analyse et prospectives à partir de la pensée de Hans Urs von Balthasar.* http://www.interinsigniores.ca/ AGGEE, Dorval, 2010;

12. Olivette Genest, "Femmes et ministères dans le Nouveau Testament", *Studies in Religion / Sciences Religieuses*, (1987),

13. Olivette Genest, "La justification du non-accès des femmes aux ministères ordonnés dans l'Église catholique romaine relue à la lumière de l'exégèse biblique", in *Actes du colloque « L'accès des femmes aux ministères ordonnés dans l'Église catholique : une question réglée »*, octobre 2006, Centre justice et foi / Centre St-Pierre / L'autre Parole / Femmes et ministères.

14. Parvis hors-série, 2006, *Actes du colloque « Femmes prêtres, enjeux pour la société et pour les*

Églises » organisé par Femmes et Hommes en Église et Genre en Christianisme, en janvier 2006 à Paris.

15. Pauline Jacob, *Appelées aux ministères ordonnés*, Ottawa, Éditions Novalis, 2007

16. Roger Gryson, *Le ministère des femmes dans l'Église ancienne*, Gembloux, Duculot 1972

17. Suzanne Tunc, *Brève histoire des femmes chrétiennes*, éd. Cerf, 1989

18. Suzanne Tunc, *Des femmes aussi suivaient Jésus. Essai d'interprétation de quelques versets des évangiles*, éd. Desclée de Brouwer, 1998

19. <u>Yves Congar</u>, « Diaconesses », in *Catholicisme 3*,

AUTRES LIVRES DU MEME AUTEUR

1. **« REVEILLE LE CHAMPION QUI DORT EN TOI »** (Volume 1), Editions Crois du Salut, Novembre 2022, (ISBN 978-620-3-84503-7)

2. **« REVEILLE LE CHAMPION QUI DORT EN TOI »** (Volume 2), Editions Crois du Salut, Novembre 2022, (ISBN 978-620-3-84504-4)

3. **« LES RÊVES, UN MONDE PROPHÉTIQUE QUE LE MONDE IGNORE. »** (Job 33,14-18), Editions Croix du Salut, Septembre 2022, (ISBN 978-620-3-84470-2)

4. **« TOI, QUI ES-TU ? (Jean 1, 19) »,** Editions Croix du Salut, 30 Septembre 2022, (ISBN 978-620-3-84473-3)

5. **« LA PRIERE, UNE DES CLES DE LA REUSSITE CHEZ LES JUIFS »,** Editions Crois du Salut, Novembre 2022, (ISBN 978-620-3-84501-3)

6. **« DANIEL A BABYLONE EST L'IMAGE DE JESUS-CHRIST A NAZARETH »,** Editions Crois du Salut, Novembre 2022, (ISBN 978-620-3-84502-0)

7. **« L'IMPACT DES DERNIERES PAROLES D'UN MOURANT SUR LA GENERATION FUTURE »,** (Bientôt)

8. **« L'IMPACT DES DERNIERES PAROLES D'UN MOURANT SUR LA GENERATION FUTURE »,** (Bientôt)

9. **« RÉUSSIR SON ENTREPRISE GRÂCE AUX PRINCIPES BIBLIQUES »** (Bientôt)

10. **« LES DEVIATIONS DANS LA PRIERE »** (Bientôt)

Buy your books fast and straightforward online - at one of world's fastest growing online book stores! Environmentally sound due to Print-on-Demand technologies.

Buy your books online at
www.morebooks.shop

Achetez vos livres en ligne, vite et bien, sur l'une des librairies en ligne les plus performantes au monde!
En protégeant nos ressources et notre environnement grâce à l'impression à la demande.

La librairie en ligne pour acheter plus vite
www.morebooks.shop

Printed by Books on Demand GmbH, Norderstedt / Germany